AF232224

SUR

LES ÉVÉNEMENTS

De 1851 et 1852,

PUBLIÉ

Dans les deux principaux journaux du Cher,

LE DROIT COMMUN ET LE COURRIER DE BOURGES,

Les 6 et 16 Décembre 1851, 16 Janvier, 4 Avril et 15 Novembre 1852.

BOURGES,

IMPRIMERIE DE E. PIGELET.

—

1857.

SUR LE COUP D'ETAT.

6 décembre 1851.

AUX ÉLECTEURS.

La maladie qui dévore le corps social ne pouvait être guérie par les remèdes ordinaires; il fallait, pour extirper cette lèpre, des moyens curatifs, que l'impérieuse nécessité justifie, et qui seuls pouvaient être efficaces.

La Chambre divisée, obéissant à des intérêts particuliers, voyait grandir le mal sans prendre aucune mesure énergique pour l'arrêter; son indécision décélait sa faiblesse.

La France se débattait douloureusement dans une agonie qui ne pouvait être longue; les méchants avaient assigné l'époque fatale de 1852 pour terme à son existence, et l'Europe entière devait suivre la France dans le gouffre où les plus détestables passions voulaient la plonger.

Tout languissait; plus de confiance, partant plus de commerce, plus de travail; la misère pour tous.

Une volonté ferme, énergique fit appel à cette partie saine de la population qui a résisté à toutes les menaces, à toutes les séductions du parti anarchiste; à l'armée!... chez laquelle l'honneur français n'a pu être entamé, et qui conserve dans ses rangs les traditions de gloire, de discipline, de valeur qui ont porté si haut le drapeau de la France en 1848, le pouvoir l'eût trouvée inébranlable, fidèle au pays, à l'ordre, si ce pouvoir lui-même ne lui avait pas fait défaut. A la voix puissante du chef de l'État, cette noble armée sauvera la société entière.

Il ne doit y avoir aujourd'hui que deux camps : l'ordre et le désordre. Toutes les passions, toutes les affections de parti doivent se taire devant la grande voix de la patrie qui appelle ses enfants ; ce n'est pas trop du concours de tous les cœurs honnêtes pour refouler dans leur repaire ces hordes féroces qui voudraient couvrir l'Europe entière de ruines et de carnage.

Que les récents événements qui ont effrayé cette contrée, et dont l'instruction nous révélera l'horrible portée, servent à faire disparaître toutes nuances de dissentiment parmi nous.

Il ne s'agit plus d'un changement de ministère, voire même de dynastie ; il s'agit d'être ou de ne pas être. Il s'agit d'arrêter les égorgeurs de nos familles, les incendiaires de nos propriétés qui voudraient, promenant le feu et la flamme, anéantir jusqu'aux dernières traces d'un passé et d'un présent dans lesquels n'ont pas trouvé et ne peuvent trouver place ces misérables qui ne veulent pas demander un bien-être à la portée de tous : au travail, à l'esprit d'ordre et de conduite, mais bien à la rapine et à l'assassinat.

Faibles par le nombre, mais forts par l'audace, ils ont espéré entraîner les populations timorées qu'ils ont poussées devant eux, le poignard à la main, après les avoir enchaînées par les plus exécrables serments. Ils ont foulé aux pieds les liens les plus sacrés, ceux de la famille ; ils ont voulu mettre l'homme plus bas que la brute ; car la brute défend ses petits, et eux jurent d'égorger leurs femmes et leurs enfants.

Réunissons-nous contre ces hommes pervers qui avaient fixé à 1852 leur affreuse razzia sur l'espèce humaine.

Cette constitution élaborée et votée sous les réminiscences de 93, et dont la France était enserrée, n'existe plus. Gardons-nous de la relever ; qu'elle soit remplacée par une autre qui ne renfermera pas les germes de discorde sous lesquels nous avons failli périr. Ne nous laissons pas surprendre par ces vains mots de despotisme militaire, de gouvernement prétorien, à l'aide desquels les ennemis de l'ordre cherchent à nous effrayer. Il n'est pas de despotisme pire que celui qui arbore la guillotine pour emblème ; c'est le seul que nous devions redouter, c'est celui qui nous était réservé.

Notre vaillante armée ne peut jamais devenir un instrument à 'usage d'un despote ; et le chef auquel elle obéit ne s'est donné d'autre mission que celle d'arracher à l'anarchie le pays qui l'a acclamé.

Méprisons cette accusation d'avoir violé la constitution. Fallait-il que la France périsse victime de son servilisme pour cette œuvre incomplète, votée sous l'impression de la peur ? Fallait-il que la France, étouffée dans cette étreinte, se condamnât elle-même à mourir, submergée par le flot destructeur qu'elle voyait monter sans pouvoir briser la chaîne à laquelle on l'avait rivée ? Etait-elle sortie de la légalité ? cette constitution destinée à glorifier, à perpétuer l'œuvre d'une poignée d'émeutiers qui avaient jeté par les fenêtres les députés de la nanation prêtant le concours d'une immense majorité à un gouvernement accepté depuis 18 ans, et qui, dans cette circonstance . n'était pas sorti de son droit.

Napoléon, dit-on, a violé la constitution !... Mais chacun des partis qui composait l'Assemblée nationale ne voulait-il pas la faire disparaître à son profit ? Faisait-il mystère de ses vœux, de ses projets ?

Napoléon a tranché ce nœud gordien, réseau dans lequel la prospérité, la dignité, l'existence même de la France étaient enfermées. Il l'a fait à la satisfaction de tous ceux qui ne veulent que le bien de leur pays, sans songer à satisfaire des intérêts privés, des passions particulières.

Que la France prononce !... qu'elle dise si elle veut retomber dans cette position bâtarde, où depuis longtemps elle s'agite sans pouvoir se reposer.

Il n'y a que deux gouvernements possibles : le gouvernement héréditaire, préférable à tout autre, non point en faveur de telle ou telle portion de la nation, mais comme principe, comme base et pierre angulaire de l'édifice social ; et le gouvernement électif, qui ne peut être confié à des mains plus dignes et plus fermes qu'à celles de Louis-Napoléon !... Ce nom, aux yeux de la France, symbolise l'ordre, l'énergie. Le premier de cette race a mérité le pouvoir par l'éclat de ses victoires et des services rendus à la nation qu'il a trouvée se débattant dans le sang et l'anarchie. Le second peut atteindre à une gloire plus grande encore, en arrachant le pays qui l'a choisi et l'Europe entière aux ténèbres de la barbarie qui menacent de tout envahir.

La France, qui ne veut point périr, cherche une main ferme à qui elle puisse confier ses destinées ; il lui faut un gouvernement fort. Elle ne sait que trop ce qu'elle peut attendre du règne du verbiage, appelé pompeusement régime parlementaire. Quels hommes d'Etat a-t-elle trouvé parmi les avocats et les rhéteurs ? Où nous ont-ils menés ? Quelle force nous ont-ils jamais prêtée dans les jours difficiles ? Beaucoup pour détruire, aucune pour soutenir et édifier : pas un n'a su nous conduire au port, tous nous ont menés à l'abîme.

Remettons les destinées de la France à celui qui, seul, peut la sauver, à Louis-Napoléon.

A l'exemple des gouvernements qui l'ont précédé, et qui n'ont pas compris que le sang versé pour la patrie est un baptême qui régénère les familles, il ne désertera pas son poste au jour du danger ; il saura mourir plutôt que d'abandonner les intérêts que la nation lui aura confiés.

Quant à nous, électeurs, adoptons pour devise ce refrain populaire, et ne cessons jamais de mettre *le pays avant tout*.

Au château du Blosset le 6 décembre 1851.

COMTE R. DE VILLEMOTTE ,

Ancien officier de dragons, maire de la commune de
Vignoux-sur-Baranjon.

Élections du Président de la République.

16 décembre 1851.

AUX ÉLECTEURS.

Quelques jours encore et les destinées de la France sortiront de l'urne électorale.

Jamais à aucune époque peuple ne fut appelé à faire entendre sa voix dans des circonstances aussi graves.

Ce cri immense d'approbation, qui de plus en plus devient unanime à mesure que les événements se déroulent, n'est-il pas la preuve incontestable que la France respire enfin, délivrée de l'affreuse appréhension qui oppressait toutes les poitrines.

Si la nation eût pu avoir confiance dans le Parlement dissous, si elle eût trouvé en lui un pouvoir fort, marchant d'une manière régulière et déterminée vers une solution que le pays exigeait sous peine de la vie; avoir entravé cette marche eût été un crime.

Mais en était-il ainsi?.... Non, loin de là. Le Parlement, toujours à côté des questions vitales, perdait en discussions puériles sur des intérêts secondaires, un temps précieux dont chaque heure nous rapprochait de l'abîme.

C'est en présence de ces tiraillements et effrayé des maux sans nombre qui allaient fondre sur notre malheureuse patrie, que le chef de l'État, faisant un appel à ses vaillants défenseurs, a surpris ces bandes altérées de pillage au milieu de leurs plans, heureusement imparfaits. Ils comptaient avoir six mois encore pour compléter leurs préparatifs de massacre, ces misérables, que la vue seule de nos uniformes a suffi pour disperser.

Honneur à celui qui a fait avorter leurs infâmes projets !.....
Honneur à celui qui a conçu et exécuté avec tant de hardiesse le
coup d'État qui a sauvé la société ! La reconnaissance de ses
concitoyens ne lui fera pas défaut, j'aime à le croire, pour
l'honneur du caractère français; s'il devait en être autrement, il
faudrait désespérer du salut d'un peuple chez qui tout noble sen-
timent serait remplacé par un aveuglement égoïste.

Je m'écrierais alors : malheur à ce peuple ! et toujours honneur à celui qui, dévouant sa vie pour sauver son pays, n'aurait trouvé pour récompense qu'une lâche ingratitude.

L'Europe, moins aveuglée, appréciera sa noble et grande action et applaudira à ses efforts. Son nom, rendu immortel par sa
glorieuse tentative, s'unira dans le cœur des vrais Français aux
sentiments de reconnaissance pour cette vaillante armée qui lui
a prêté son concours.

Je dirai aux légitimistes : votre chef généreux a certainement
applaudi à cet acte immense dont il aura compris la portée; loin
de lui la pensée de venir régner sur des ruines, sur un peuple
décimé par les hordes sauvages auxquelles l'auraient livré nos
discordes.

L'Europe effrayée ne voudrait pas laisser au milieu d'elle ce
repaire de brigands, ce foyer de crimes; la France aurait cessé
d'exister, elle serait rayée du nombre des nations, et son nom
jusques-là si glorieux ne serait plus répété que pour effrayer les
générations futures.

Je dirai aux partisans de la maison d'Orléans : la révolution
de 1850 fut un bien grand malheur, en ce qu'elle a appris au
peuple qu'un gouvernement juste, mais trop faible, pouvait être
renversé en quelques heures.

La révolution de juillet a donnné le triste exemple du chef
d'une race de rois, chassé au mépris de la constitution qui le
protégeait, et remplacé par une autre branche de cette même
race. Il y avait là violation des droits sacrés de la famille et
violation du principe immuable qui seul peut servir de base à

la société , le principe héréditaire !... Y avait-il nécessité ? Non ! Une autre émeute a renversé en moins de temps encore ce qu'une émeute avait édifié ; elle en avait le droit, c'était justice. La main de Dieu était-là. 1848 était le corollaire , la conséquence forcée de 1830.

Je dirai aux républicains : l'amour de la patrie doit être le seul mobile d'un cœur vraiment républicain, le bonheur, la gloire, l'avenir de cette même patrie, le but de tous ses vœux.

L'ordre de choses qui vient de disparaître nous offrait-il sécurité pour le présent, confiance pour l'avenir?... Avec lui la France pouvait-elle grandir et prospérer? Pendant les trois années écoulées depuis 1848, le pouvoir législatif a-t-il su prendre les mesures énergiques, efficaces , de nature enfin à rallier autour de lui les sympathies des populations? Non ! Pendant ces trois années la France a reçu une constitution mal digérée , portant avec elle des germes de discorde et de dissolution par le conflit des pouvoirs dont les attributions étaient mal définies. Elle a vu s'amoindrir l'autorité; elle a vu le pays marcher sur une pente rapide au gouffre où il allait être englouti quelques mois plus tard, si une main ferme n'eût brisé à propos cette œuvre de destruction enfantée pour le malheur de la France ; là il y avait nécessité absolue, impérieuse !...

La nation voyait avec terreur et dégoût ces séances où la tribune, destinée à traiter des grands, des seuls intérêts de la patrie , servait de théâtre à quelques orateurs passionnés et de bureaux de poste aux médiocrités qui venaient au milieu d'un brouhaha insultant et railleur envoyer à l'adresse de leurs commettants, comme jetons de présence et titres à la réélection, quelques paroles insignifiantes perdues au milieu des conversations particulières.

Voilà entre les mains de qui la société était tombée , et l'époque fatale de 1852 l'eut surprise au milieu de cette placide et molle quiétude dans laquelle se berçaient nos représentants ; alors , seulement alors, ils se seraient réveillés, mais trop tard , au bruit du tocsin , à la lueur des incendies , aux cris des victimes.

Quels bienfaits, d'ailleurs, la France eût-elle recueillis de ces faiseurs de lois auxquels, à trois époques différentes , elle a confié ses destinées? Et quel concours en ont reçu les gouvernements ?

En 1830, des amis imprudents, divisés par des ambitions mesquines, ont été la cause première de la chute de la restauration.

En 1848, les mêmes passions égoïstes, suivant ceux-là même qui avaient aidé à renverser la restauration, ont amené la chùte du trône qu'ils avaient édifié en 1830.

En 1852, la France allait périr , toujours par l'aveuglement de ses parlementaires, si une volonté puissance ne l'eût arrêtée sur le bord de l'abîme.

Rallions-nous autour du pouvoir fort qui nous promet toutes les libertés compatibles avec l'ordre public et l'existence de la société. Nous n'avons que cette planche de salut ; il y aurait crime de lèze-nation, non seulement à voter contre Louis-Napoléon Bonaparte, mais encore à s'abstenir. La France veut entendre la voix de tous ses enfants, le cri d'approbation doit être unanime.

Que tous les partis se confondent dans un seul, celui de l'ordre, dont Louis-Napoléon s'est si bien montré le chef, et faisons au salut de la société le sacrifice de nos affections particulières , de nos tendances politiques. Que notre devise soit toujours et pour tous : *le pays avant tout.*

Au château du Blosset, le 14 décembre 1851.

COMTE R. DE VILLEMOTTE,

Ancien officier de dragons , maire de la commune de
Vignoux-sur-Baranjon.

Sur l'Élection du Président de la République.

16 janvier 1851.

AUX ÉLECTEURS.

La nation a dignement répondu à l'appel fait à son patriotisme par le chef de l'Etat. Une formidable acclamation, poussée par près de huit millions de voix, a prononcé anathème contre les mauvaises passions, anathème contre les doctrines subversives de l'ordre social.

Cet admirable accord, produit par une seule, une grande pensée, le salut de la patrie, et qui a réuni dans ce noble but tant de nuances d'opinion, montre à l'Europe, que le peuple de France est toujours la grande nation.

L'Europe avait les yeux sur nous ! Ses destinées, comme les nôtres, devaient sortir de l'urne électorale. Le Président de la République les avait confiées à la sagesse du peuple, et le peuple s'est élevé à la hauteur de cette grande mission. Il a compris que la voix de la France retentirait dans le monde entier ; et que son vote, jeté dans la balance, sauverait la civilisation, et terrasserait l'anarchie.

Cette noble confiance, accordée par la nation tout entière au Prince-Président, lui impose de grands devoirs devant lesquels il ne faillira point.

Quoique terrassés, les ennemis de l'ordre n'ont pas perdu toute espérance. Semblables au reptile mutilé, leurs tronçons s'agitent et tendent à se réunir pour lancer de nouveau leur venin contre le corps social. Les méchants ne dorment jamais.

Depuis soixante ans, notre malheureux pays se débat, agité par toutes les convulsions. En 93 , il a vu répandre à flots le sang le plus pur, que ses enfants prodiguaient sur les champs de bataille, pendant que leurs pères étaient livrés à la hache du boureau par un gouvernement impitoyable.

Une ère de gloire succéda à cette triste page de notre histoire ; mais cette gloire, ces triomphes qui illustrent à jamais nos annales militaires, et le génie immortel qui dirigea ces armées de géants avaient dépeuplé la France, qui, épuisée, haletante, dut subir le joug de l'étranger.

Un gouvernement paternel cicatrisa ses plaies, et nous donna quinze années d'une paix troublée seulement par les orages parlementaires. Du sein de la chambre des députés, une opposition brillante et systématique répandait, dans le pays, une inquiétude incessante. Sous ses inspirations, les sociétés secrètes commencent à s'organiser, et à s'agiter. La France fut minée par ces œuvres de ténèbres, et le gouvernement auquel elle devait une prospérité inconnue jusqu'alors, ce gouvernement, au moment même, où, pour soutenir l'honneur du nom Français, il ajoutait à nos possessions, l'Algérie tout entière, s'écroulait sous les efforts de cette opposition, et sous les dissentions de ses propres partisans, qui, membres de ce Parlement, n'avait pas compris la portée de l'incendie qu'ils avaient contribué à allumer.

Une fraction de ces députés, s'arrogeant les droits de la nation, subistitua au monarque qu'elle venait de renverser, un roi de son choix, auquel, de sa propre autorité, elle adjugea la couronne. La France qui ne fut consultée en rien, paya par plusieurs années de malaise et de souffrance, cette intronisation usurpée.

Ce nouveau gouvernement, s'appuyant uniquement sur les intérêts matériels, démoralisa la nation plus que n'avait fait 93. Cependant l'industrie prit un grand développement, et la France jouissait d'un bien-être matériel incontestable.

Mais les passions révolutionnaires fermentaient ; mais le même dissolvant devait produire le même effet; et l'orage devait partir encore de la chambre élective.

Du haut de la tribune, et par l'organe des journaux, le peuple fut appelé à la révolte, à cette voix la troupe d'émeutiers chassa la représentation nationale.

La République fut proclamée ; avec elle arriva une nouvelle chambre qui enfanta la Constitution qui devait nous conduire à l'abîme.

Cette chambre fit place à une seconde qui s'occupa de tout, excepté de la patrie et du peuple. Pour elle, la France était une proie que chacun voulait s'adjuger, par le triomphe, les uns du socialisme, les autres d'une république façon 93, qui de la légitimité, puis du comte de Paris.

Les intérêts du peuple entraient-ils pour quelque chose dans les actes de l'immense majorité de ces députés ? Non!.. esprit de parti, vanité, ambition, égoïsme, tels furent les seuls mobiles de leurs actions.

Cette chambre vient d'être balayée par un coup d'état. Huit. millions de voix ont applaudi, et acclamé le grand acte.

Que ce triste passé nous serve de leçons!... Il nous enseigne que les chambres impuissantes à faire de la politique, n'ont jamais servi qu'à entraver la marche des gouvernements, à les renverser, et à jeter le pays dans la tourmente des révolutions; que la tribune et les journaux, qui leur servaient d'échos, n'ont été qu'un moyen pour agiter le peuple, le rendre ingouvernable, en faisant appel aux mauvaises passions, et à servir la vanité, l'ambition de quelques hommes.

Qu'à l'avenir le corps législatif renferme sa mission dans la confection des lois et le vote de l'impôt.

Entrons dans une ère nouvelle; sortons de l'ornière dans laquelle, depuis 60 ans, nous nous traînons péniblement. A un nouvel ordre de choses, reconnu indispensable, il faut des hommes nouveaux qui comprennent leur mandat autrement que leurs devanciers.

Le chef de l'Etat a besoin d'être fortement secondé dans la tâche difficile qu'il a entreprise. Ne lui envoyons pas des hommes hostiles, qui chercheraient à entraver son gouvenement, à paralyser ses efforts. Soyons conséquents avec nous-mêmes ; c'est beaucoup, sans doute, d'avoir nommé Napoléon ; mais ce n'est pas tout : il nous reste à choisir pour le seconder, des hommes dévoués, et sans passions égoïstes.

A qui ont profité nos dissentions et les changements de gouvernement subis par la France?... Depuis 1830, le peuple a-t-il été plus heureux? Ses charges ont-elles été moins lourdes, parce que le roi s'est appelé Louis-Philippe au lieu de Charles X? Le commerce, l'industrie, ont-ils été plus florissants, le travail plus assuré, la paix des familles, la morale publique mieux sauvegardées, parce que la République a renversé Louis-Philippe, au profit de quelques journalistes et écrivassiers sans convictions?.. Non..., mille fois non! tout au contraire! Eh bien! soyons les premiers à demander que la mauvaise presse soit bâillonnée, que les écrits scandaleux, immoraux, que les journaux qui prêchent l'agitation, la révolte, soient supprimés. La licence n'est pas la liberté.

Ayons toujours devant les yeux ces crimes qui déshonorent, qui dégradent l'espèce humaine, et qui viennent d'épouvanter nos contrées; n'oublions jamais qu'ils sont l'œuvre des sociétés secrètes, qui, elles-mêmes, sont engendrées par la mauvaise presse.

Sept millions cinq cent mille voix ont acclamé le gouvernement de Napoléon !... Cette consécration inouïe est le blâme le plus éclatant, le plus sévère, jeté contre l'ordre de choses qui vient d'être renversé.

La main de Dieu est visible dans tous les événements que nous avons traversés !... Elle a tenu en réserve ce prince dont les premières apparitions en France ont été marquées au cachet d'une jeunesse aventureuse et trop confiante. Elle a formé son esprit, son jugement à l'école du malheur; plus tard, elle l'a en quelque sorte imposé à la France dont les institutions le repoussaient, la loi s'est abaissée devant le cri de l'opinion publique qui lui a ouvert l'entrée du Parlement. Elle a frappé d'aveuglement toute une Chambre, au sein de laquelle se trouvaient cependant des hommes d'un mérite incontestable. Elle a permis que ces hommes s'endormissent sur le bord de l'abîme que creusait le socialisme, et que les cris furibonds de la montagne les empêchent d'entendre le bruit du marteau de ces atroces démolisseurs.

Enfin, elle a marqué l'heure, où le prince qu'elle destinait à notre salut, devait souffler sur cette Chambre; et cette Chambre, composée des somnités en tous genres, s'est évanouie comme une nuée grosse d'orage, dissipée par un coup de vent; et le ciel aussitôt est devenu serein, et la confiance a reparu comme par magie. Puis, la France a respiré, délivrée de l'affreux fantôme, du spectre de 1852, dont les méchants ne cessaient de l'épouvanter.

Ne fermons pas nos yeux à l'évidence! Adorons cette main puissante, mystérieuse, que nous ne pourrions méconnaître sans ingratitude!... Humilions-nous avec reconnaissance devant cette grande voix de Dieu, qui s'est fait entendre par la voix du peuple. Ne cherchons pas, par une opposition mesquine, tracassière, à faire naître des difficultés que nous devons aider à aplanir. L'accord le plus parfait entre les pouvoirs est indispensable aujourd'hui.

Que cette pensée seule nous guide dans le choix des Députés à envoyer au Corps Législatif, afin que le Président de la République ne puisse nous reprocher un jour que ses efforts et ses bonnes intentions ont été neutralisés par le mauvais vouloir de nos mandataires.

Au château du Blosset, le 2 janvier 1852.

Comte R. DE VILLEMOTTE,
Ancien officier de dragons, maire de Vignoux-sur-Baranjon.

Encore une circulaire de Mazini.

4 avril 1852.

En présence de cet insolent défi jeté à l'Europe, à cet appel aux mauvaises passions, les hommes d'ordre comprendront-ils enfin que l'union entre tous les membres de la grande famille humaine, est la seule force qui puisse arracher la civilisation au sort que lui réservait ce noyau de malfaiteurs, que l'Angleterre abrite, comme une menace contre les nations voisines.

Cette portion si nombreuse, si intéressante de la société, la classe ouvrière, à laquelle s'adressent ces hommes avides, serait-elle dupe encore de ces exécrables conseillers qui la trompent depuis tant d'années, pour engloutir dans leurs orgies, l'impôt qu'ils ont le cynisme de prélever sur son travail.

Ces hommes, vomis par le génie du mal pour souffler les passions les plus funestes; ces hommes, que le ciel, dans sa justice, a permis, comme une dernière expiation des crimes, dont l'espèce humaine en délire a souillé ses annales pendant les saturnales révolutionnaires; ces hommes que, dans un avenir peu éloigné, et quand elles seront rentrées dans leur état normal, les nations voueront à l'exécration des siècles, et dont les noms seront inscrits en lettres de sang, pour le mal qu'ils ont fait, et plus encore pour celui qu'ils auraient voulu faire, si une volonté puissante, suscitée par le Dieu de clémence, ne les eût arrêtés;

Ces hommes, sans croyance aucune, se gorgent de jouissances matérielles, et commettent tous les excès, en prêchant la croisade des classes laborieuses contre les classes qui possèdent, comme si jamais une société pouvait exister sans conditions différentes; comme si la propriété elle-même, acquise, ou laissée par transmission, n'était pas presque généralement le fruit d'un travail intellectuel ou manuel, le prix de services rendus au pays ; et comme si, dans sa prévoyance infinie, Dieu n'avait pas attaché à chacune de ces conditions, ses peines, ses jouissances relatives qui équilibrent à peu près en réalité la position de chacun ici bas. Enfin, comme si Dieu lui-même, en créant cette inégalité si marquée dans les formes, les forces physiques et dans les intelligences, ne nous enseignait pas, par ses œuvres, que l'égalité ne peut commencer qu'au seuil de l'autre vie ; et ne semblait, par cela même, avoir réservé, pour lui seul, le droit de faire passer sur les hommes, dépouillés de leur enveloppe terrestre, le niveau que ces exploiteurs de l'espèce humaine voudraient appliquer pour satisfaire leurs appétits grossiers.

Les vieux échos du Mont-Aventin ne redisent-ils plus au peuple de Rome cet ingénieux apologue, avec lequel un citoyen généreux ramena dans ses foyers toute une population égarée par de perfides conseillers, en lui prouvant que la tête, l'estomac et les membres, quoiqu'à l'aide de fonctions différentes, ne sont pas moins utiles l'un que l'autre à la parfaite harmonie du corps, dont l'économie se trouverait dérangée par le refus de concours d'un seul d'entr'eux, au point d'amener sa destruction complète et certaine.

Suivez ces niveleurs dans leur vie privée ; voyez de près ces apôtres, ces chefs du socialisme ; la plupart ont dissipé leur patrimoine, et demandent à un bouleversement des moyens d'existence qu'ils ne veulent pas devoir au travail.

Est-ce auprès de ces tribuns démagogues que le peuple ira puiser des exemples de charité, de moralité? qu'il trouvera cette fraternité évangélique, cette commisération pour ses peines, ses souffrances? que le peuple réponde!... De sa plus forte voix, il dira : que ces hommes sont durs, égoïstes, orgueilleux !... Pour eux, le peuple est un moyen, une matière qu'ils exploitent, un

marchepied sur lequel ils montent pour s'élever, et qu'ils re-
poussent avec mépris quand ils sont parvenus.

Ils répandront autour d'eux la désolation, la misère? Que leur
importe, pourvu qu'ils atteignent le but qu'ils convoitent.

Et ce sont de tels misérables, qui viennent calomnier les
classes intelligentes, qu'ils présentent au peuple comme des
ennemis naturels!... Ils poussent les citoyens à s'égorger!... Ils
sont là, tout prêts à recueillir l'héritage des morts, à dépouiller
les cadavres!... Malédiction à cette bande infernale qui ne se
repaît que de sang et de larmes.

Dans leur langage faux et trompeur, ils osent souiller ce saint
nom de frère, qui, dans leur bouche, n'a d'autre signification,
que compagnon de débauche, de pillage. Leur digne chef Mazzini
ne craint pas de mêler des paroles mystiques à ses déclamations
incendiaires; c'est au nom d'un Dieu de paix qu'il excite ces
hordes d'assassins; qu'il lance ces bandes altérées de sang à la
curée de l'espèce humaine.

Il voit avec rage la France lui échapper; il a rugi de fureur
à cette immense acclamation poussée par huit millions de voix,
rejetant avec horreur ses doctrines sanguinaires, et criant
anathème contre les misérables qui voudraient replonger la
société dans le gouffre de la barbarie.

Il voit les malheureux, égarés par des doctrines criminelles,
enlevés à leurs familles, transportés sur une terre étrangère; il
entend les cris douloureux des femmes, des enfants, que ses
coupables enseignements ont rendus veuves et orphelins!... Rien
ne peut toucher ce cœur dépravé, il cherche d'autres victimes;
il lui faut de l'or.

Oh! c'est bien ces misérables que l'on peut accuser de vouloir exploiter l'homme par l'homme.

Si les leçons du passé devaient être perdues; si parmi ces
hommes égarés par les chefs coupables qui se sont joués de leur
crédulité, et auxquels un gouvernement clément, parce qu'il est
fort, accorde chaque jour un généreux pardon, il s'en trouvait

d'assez endurcis, d'assez gangrenés, pour ne point ouvrir les yeux, détester leur crime, et maudire ceux qui les ont poussés dans l'abîme; ce même gouvernement a contracté envers la société qui l'a acclamé, envers cette vaillante armée qui a payé notre salut de son noble et généreux sang, des obligations et des devoirs qui ne lui permettraient pas de remettre, une fois encore, ces existences en question, en épargnant quelques milliers de scélérats que les lois divines et humaines réprouvent, et qui, tous les jours, tentent d'assassiner lâchement ces héroïques soldats dont ils n'osent affronter les regards.

Quand donc les gouvernements comprendront-ils qu'ils sont solidaires envers les peuples dont les destinées leur sont confiées, et que les droits de l'humanité passent avant ceux d'une hospitalité dangereuse, qui ressemble à une complicité au moins apparente.

Malheur à la nation qui, servant d'égoût à l'Europe, recélera les matières impures que chaque peuple aura rejetées de son territoire; la putréfaction, la décomposition morales seront le sort infaillible qui lui est réservé, et les autres puissances devront à leur sécurité, à leur existence, de former un cordon sanitaire pour se préserver de la contagion.

Au château du Blosset, 24 mars 1852.

Comte R. de VILLEMOTTE,
Ancien officier de dragons, maire de Vignoux-sur-Baranjon.

Vote pour l'Empire.

19 novembre 1852.

Les deux éléments principaux, nécessaires à l'existence des sociétés, sont : un pouvoir héréditaire et fort; une armée vaillante et disciplinée.

Leur action réunie peut seule assurer l'exécution des lois qui, sans elles, deviennent inutiles et impuissantes.

1830 et 1848 attestent d'une manière cruelle pour la France, que, sans le secours d'une main ferme et puissante, la meilleure armée du monde est paralysée, et peut être humiliée par quelques centaines d'émeutiers.

Le 2 décembre nous prouve, au contraire, qu'une poignée de soldats dirigés par une volonté énergique, peut maintenir et refouler des populations égarées, conduites par des malfaiteurs.

La triple élection de Louis-Napoléon est la preuve incontestable que le peuple poussé par un esprit de conservation, veut, avant tout, un pouvoir héréditaire et fort, un chef capable de tenir les rênes du gouvernement.

A peine abandonné par celui que l'on avait fait son Roi, il tourne ses regards vers cette grande figure qui, pour lui, symbolise l'ordre et la puissance ; il a oublié le malheur dont une guerre désastreuse a couvert la France ; il a oublié les sacrifices sanglants et pécuniaires qui lui ont été demandés ; il se rappelle seulement les faits glorieux qui ont enrichi nos annales, et il évoque cette ombre illustre, pour le protéger encore contre les barbares de l'intérieur, qu'une fois déjà elle a su faire rentrer dans le néant.

Les armées doivent être pour les nations un mur d'airain élevé contre les ambitions au dehors, les brouillons au-dedans, et à l'abri duquel peuvent seulement régner la justice et les lois, fleurir l'industrie, les arts et les sciences.

Les méchants avaient aussi leur armée, nombreuse, organisée, étendant ses réseaux jusque dans les plus petites bourgades ; armée ne sachant manier que le poignard et la torche de l'incendie. La seule présence de nos soldats a suffi pour la faire rentrer dans ses repaires.

Mais ces hommes pervers n'ont point abjuré leurs trames ténébreuses ; leurs instincts destructeurs ne sommeillent jamais. Semblables au démon, le bonheur, la prospérité des peuples augmentent leur rage et leur inspirent les plus infâmes projets que l'armée et son digne chef sauront déjouer. Convaincus enfin de leur impuissance à troubler cette société qui les repousse avec horreur, peut-être finiront-ils par rentrer dans son sein et en deviendront-ils des membres utiles.

Aujourd'hui l'ennemi n'est pas à la frontière ; il est au milieu de nous, bas et rempant, quand une main ferme sait comprimer ses mauvais instincts ; audacieux et féroce, quand la faiblesse et l'anarchie lâchent la bride à ses passions hideuses, à sa rage dévastatrice.

Guidé par les sentiments d'honneur inséparables de l'uniforme et du drapeau, le soldat français expose généreusement sa vie en face de l'étranger ou de l'émeute ; mais ses concitoyens ne doivent-ils pas reconnaître ce dévouement, cette abnégation qui n'ont jamais fait défaut dans les jours difficiles, en lui assurant un bien-être convenable pendant la durée de son service, un abri et du pain pour ses vieux jours ?

Celui qui a dit : l'Empire c'est la paix, comprend les besoins véritables du peuple et de l'armée ; il saura leur donner satisfaction dans une juste mesure.

Ce grand acte de justice ne sera pas le moindre titre de Louis-Napoléon à la gratitude des populations ; il inaugurera dignement la nouvelle ère dans laquelle nous allons entrer , et donnera à la société, si fortement ébranlée, de nouvelles garanties d'ordre et de sécurité, en rendant impossibles, à l'avenir, les efforts des perturbateurs du repos public.

Que chacun , par son vote, apporte une pierre pour élever le grand édifice de l'Empire.

Au château du Blosset, le 12 novembre 1852.

COMTE R. DE VILLEMOTTE,
Ancien officier de dragons, maire de Vignoux-sous-Baranjon.